JUNPEI MASUDA ARRANGEMENT SERIES

増田順平編曲シリーズ③

COLLECTION OF
KŌSAKU YAMADA
FOR FEMALE CHOIR

THE FLOWER OF KARATACHI

女声合唱のための
山田耕筰作品集

からたちの花

［増補新版］

作曲／山田耕筰・編曲／増田順平
KŌSAKU YAMADA　JUNPEI MASUDA

edition KAWAI

女声合唱のための山田耕筰作品集

からたちの花

1971年に「からたちの花」の混声編（全21曲）が出版され、その後1978年に女声編（全13曲）が出版されましたが、いずれも版を重ね多くの方に愛唱されていることは本当に嬉しく有り難いことです。

このたび女声編が、順平編曲シリーズ第三弾として組み込まれることになり、これを機に6曲ほど加え、その上既版のものについても、表情記号などについて全集と照合し直しリニューアルしました。

いずれも気張らずに歌えるものばかりですので、是非気軽に楽しく歌って下さい。しかし気軽に歌っているつもりでも、いつの間にか心を入れて歌わざるを得なくなってしまうのが「日本人の魂を揺り動かす」山田耕筰（1886～1965）作品の持つ魅力なのですが……。

なおメトロノーム記号は作曲者自身のものですが、一部括弧書きは編者が参考までに記入しました。

7曲目以降は、1975年11月、名古屋女声合唱団定期演奏会に、森正氏の指揮で初演されました。

2004年12月

増田順平

目　次
Contents

	演奏時間	
かやの木山の	(ca2’16”)	4
赤とんぼ	(ca2’22”)	7
中国地方の子守唄	(ca2’02”)	10
曼珠沙華	(ca3’15”)	13
この道	(ca2’37”)	18
のばら	(ca2’52”)	22
からたちの花	(ca2’26”)	26
あわて床屋	(ca2’25”)	30
青い小鳥	(ca1’40”)	34
鳥の番　雀の番	(ca0’40”)	37
夕やけ雲	(ca2’04”)	40
かえろかえろと	(ca1’48”)	42
電話	(ca2’23”)	44
つばめ	(ca1’07”)	46
すかんぽの咲く頃	(ca0’58”)	50
洗濯嫗さん	(ca1’21”)	52
砂山	(ca2’50”)	56
待ちぼうけ	(ca2’05”)	59
松島音頭	(ca3’53”)	62
歌詞		71

かやの木山の

北原白秋 作詩
山田耕筰 作曲
増田順平 編曲

いつーか　ーこぼーれ
いつー　かこぼ　れーー　てひろ　ーわーれ　て
いつかこぼれーー　てひろ　ーわーれ　て
solo　やまがのおばさは　いろりばた
parlando
cantando ancora
tutti
そだーたきー　しばーたき
そだーたき　しばたき
semplice
m.d.
poco riten.
a tempo (♩=84)
かやのみかやーのみ
molto riten. quasi lento
それはぜた
あかーり　つーけ　hm　hm
かやのみ　かやのみ　それはぜた
あかーり　つ　け　hm
かやのみかやーのみ　それ　はぜたー
colla voce

Molto meno ♩=60
tranquillamente con solitario riten.
hm
a tempo
esitare
(a tempo)
poco a poco rit.
こんーやも　あめだろー　もーう　ねーよーよ
hm
もーう　ねーよーよ
Molto meno ♩=60
tranquillamente con solitario
sotto voce
poco esitare
a tempo
(a tempo)
poco a poco rit.
esitare
meno mosso lentando
poco esitare
poco lento
ー　おさーるが　なくーだで　hm　hm
ー　おさるが　なくだで　はよーおねーー
meno mosso lentando
poco esitare
poco lento
Tempo I
poco accel.
はよーおーねーよ
hm
よ
hm
Tempo I
poco accel.
esitando
m.s.
lentando molto
e chiaramente

赤とんぼ

三木露風 作詩
山田耕筰 作曲
増田順平 編曲

Tempo I
Tempo I
Ped. simile
solo
3.じゅうーご で ね え や ー は よ め に ゆ き
poco riten.
(ややおさえて)
お さ と の た よ り ー も ー た え は ー て ー た
Sop.
M.Sop.
Alt.
hm
hm
poco riten.

a tempo
tutti
Sop.
M.Sop.
Ah
hm
Alt.
a tempo
poco meno mosso
pp sempre
4. ゆ う や ー ー け こ や け ー の あ か と ん ー ぼ ー
pp sempre
poco meno mosso
pp sempre
rit.
さ お の ー さ ー き
と ま ー ーっ て い ー る ー よ ー さ お の さ ー き
rit.
ppp

中国地方の子守唄

山田耕筰 編・作曲
増田順平 編曲

13
hm ねん ね こしゃっ しゃり ま せ
ppp lunga pp mf p
pp
ねん こ ろ ろん ねん ね こ しゃっしゃ り ま ー せ きょう は に じゅ
lunga pp mf p
hm きょう は に じゅ
lunga
pp ppp lunga
pp delicatissimo
mf p
17
p pp
う ご ー に ち さ ー あ す は こ ー の こ ー の ねん こ ろ
mf esitando a tempo
p pp mf
a tempo
p pp p pp
mf sf colla voce
21
み や riten. un poco a tempo
mf ま い り hm hm lunga
p
mf esitando pp ppp
ろ み や ま い り ねん こ ろ ろん ねん こ ろ ろん
mf p lunga
み や ま い り hm hm
riten. un poco a tempo lunga
p colla voce
pp ppp lunga

poco mosso
a tempo
みやへまいーった　とーーーきー　なんというて
poco mosso
a tempo
sognando un poco
おーがむさ
ー　おがむさ　いっーしょこ　ーのこ　ーのねん　ころ
riten. un poco
a tempo
まめなよに　hm　hm
lunga
esitando
ろまめなよに　ねんころろん　ねんころろん
まめなよに　hm　hm
riten. un poco
a tempo
colla voce
lunga

曼珠沙華

北原白秋 作詩
山田耕筰 作曲
増田順平 編曲

Lento molto, affatto semplice, quasi recit. (♩=48)

きょう ー も
きょう ー も
きょう ー も たお りに きた わい な きょう ー ー も
たお りに きた わい な ー ー ゴン シャン ゴン シャン
ち には しち ほん
なん ぼん か ー ち ー には しち ほん ちの よう

30
solo
に ーー ちの よう にー ー
ちょうど あの この
hm
35
chor.
とし の かず
ちょうど あの この とし ーーのか
ちょうど
40
solo
ず ー ゴン シャン ゴン シャン
きをつけ な
hm

chor.
ひ は ま ひ
ひ と つ　つ ん で も　ひ は　ま ひ　る　ー
hm
る
ひ と つ　あ と か ら　ま た　ひ ら　く ー ー
sentimentalmente e piangevole
ゴ ン　シャ ン　ゴ ン　シャ ン　な し　な く　ろ　い つ　ま で
sentimentalmente e piangevole

60
ひ が ん ば な ー ー
と っ て も ひ が ん ば な
hm
65
こ わ や あ か し や
hm
ま だ な な つ
espr. molto
こ わ や
espr. molto
70
あ か し や ま だ な な つ ー
hm

この道

北原白秋 作詩
山田耕筰 作曲
増田順平 編曲

6
（ゆるく）あ　あ　ー　そ　う　だ
mf
つ　か　き　た　み　ち
つ　か　み　た　お　か
つ　か　み　た　く　も
ah
hm
colla voce
p
Ped.
9
よ　ー
あ　か　し　や　ー　の　ー　は
ほ　ー　ら　し　ー　ろ　い　と
さ　ん　ざ　し　ー　の　ー　え
（はとえ）
pp
12
to Φ
1.
2.
poco animando
3.こ　の　み
mp
な　が　さ　い　て　ー　る　あ　の　お
け　い　だ　い　だ　ー　よ
だ　も　た　れ
3.こ　の　み

ち は ー い つ か き た み ち あ
こ の み ち ー は き た み ち ah
ち ー は ー ー い つ か き た み ち
あ ー そ う だ よ ー
hm
お か あ さ ー
ま と ば しゃ で い っ た ー よ
ば

24
Tempo I
hm
Tempo I
28
hm
hm
4. あ の く
D.S. al Coda
D.S. al Coda
Coda
31
て ー る
hm
hm
rit.
Coda
rit.

のばら

三木露風 作詩
山田耕筰 作曲
増田順平 編曲

riten.
a tempo
いろ もうるわーし ののうば ーーら ー
あら ののはなーに しるおし ーーえ ー
p
f
いろ もうるわ し、うるわ し、ののうばーら、ののうばら
あら ののはな に、はな ー に、しるおしー え、しるおしえ
colla voce
rit.
pp
1.
2.
a tempo
えぞ ちののばー ら、のばーら ー
かし こきのばー ら、のばーら ー
sotto voce
legato amabile dolcissimo

20
の ば ー ら の ば ー ら
solo
mp
tutti
mp
え ぞ ち の の ば ー
mp
espress. sempre
pp
Ped.
23
ひ と こ そ し ら ー ね ー
solo
tutti
mp
ら、の ば ら ー ー
あ
mp
Ped.
26
い ろ も う る わ ー
solo
mf
ふ れ さ く
p
Ped.

riten.
a tempo
しののうばーーら、いろもうるわー
tutti
いろもうるわー
colla voce
しののうばーーらー
し、うるわし、ののうばーら、ののうばら
riten.
a tempo
rit.
えぞちののばーら、
solo
tutti
えぞちののばーら、のばーらー

からたちの花

北原白秋 作詩
山田耕筰 作曲
増田順平 編曲

Andante tranquillamente
ゆるく しずかに やや自由に

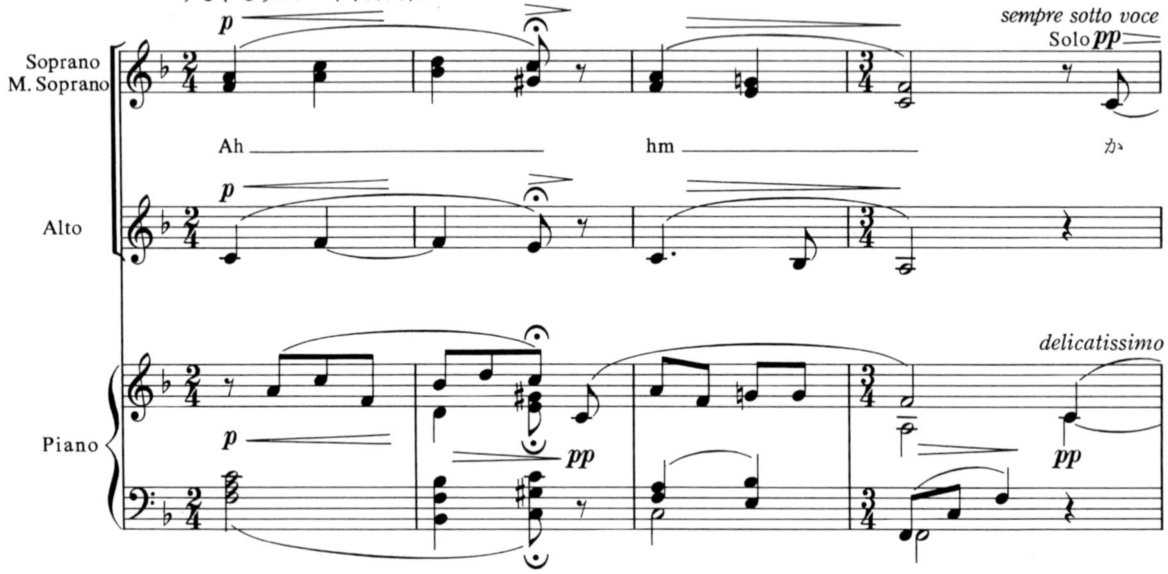

a tempo
し ろ い は な ー が, さ い た よ ー ー か
a tempo
は
ら た ち の と げ は, い た い よ, あ お い, あ お い,
ー り の
Solo
in fretta un poco
は り の, と げ だ よ。 か ら た ち は, は た
hm hm

a tempo
lungh'mo
mf ten.
mf
のかきねよ，いつも，いつも，とおるみちだ
mf
hm
ルン ルン ルン ルン ルン ルン ルン ルン ルン ルン ルン ルン
a tempo
colla voce
mf
Chorus
mf
よ
からたちもあきは，みのるよ，まろいまろ
mf
p
ルン ルン ルン
mf
p
f
p
pp
esitando
ppp
sempre sotto voce
esitando
からたちのそば
い，（まろい，）きんのたまだよ。からたちの
ppp
からた
f
p
pp
ppp

で, な い た よ ー み ん な み ん な, や
poco a poco riten.
ten.
ppp
in fretta
mf
p
molto riten.
そ ば で, な い た よ ー み ん な み ん な, や さ し かった
ち の そ ば で, な い た よ ー み ん な, や
molto riten.
a tempo
Solo
p
よ。 か ら た ち の は な が, さ い た よ
a tempo
p
Sop.
M.Sop.
Alt.
pp
molto riten. e dim.
ppp
し ろ い, し ろ い, は な ー が, さ い た よ。
molto riten. e dim.

あわて床屋

北原白秋 作詩
山田耕筰 作曲
増田順平 編曲

(Solo 1) 2. こ が ー に
(Solo 2) 3. そ こ ー へ
Chorus
チョッ キン チョッ キン チョキ チョッキン チョッ キン チョッ キン チョキ チョッキン チョッ キン チョッ キン チョキ チョッキン
ー ぶ つ ーー ぶ ー つ シャ ボ ー ン ーーー を ー と か ー し
ー う さ ーー ぎ ー が お きゃ ー く ーーー に ー ご ざ ー る
チョッ キン チョッ キン チョキ チョッキン チョッ キン チョッ キン チョキ チョッキン チョッ キン チョッ キン チョキ チョッキン
お や じ じ ま ー ん で は さ み を ー な ー ら ー す
ど う ぞ い そ ー い で か み かっ て ー お ー く ー れ
hm
Chorus
チョッ キン チョッ キン チョッ キン ナ
(おさえて)
poco riten.
poco riten.

Solo
(Solo 3) 4.う さ ー ぎぁ
(Solo 4) 5.じゃ ま ー な
Chorus
チョッ キン チョッ キン チョキ チョッ キン チョッ キン チョッ キン チョキ チョッ キン チョッ キン チョッ キン チョキ チョッ キン
ー き が ーー せ ー く かにぁ ー あ ーーー わ ー て る ー し
ー お み ーー み ー は ぴょ こ ー ぴょ ーーー こ ー す る ー し
チョッ キン チョッ キン チョ キ チョッ キン チョッ キン チョッ キン チョ キ チョッ キン チョッ キン チョッ キン チョ キ チョッ キン
は や く は や ー く と きゃくぁ つ め ー こ ー む ー し
そ こ で あ わ ー て て チョンと き り ー お ー と ー す
hm
(おさえて) poco riten.
チョッ キン チョッ キ チョッ キン ナ
poco riten.

6. うさーぎぁ ーおこーー るーし かにぁー は ーーーじょーかくー
6. うさーぎぁ ーおこーーるーし かにぁーは ーーーじょーかくーし
(おさえて)
し hm
しかたなくーなく あなへとーにーげーる チョッキンチョッキンチョッキンナ
hm
poco riten.
meno mosso
(きわめてゆるく)
a tempo
poco riten.
hm
あなへとーにーげーる チョッキンチョッキンチョッキンナ
しかたなくーなく
(はずかしげに)
meno mosso
a tempo
a tempo (poco mosso)
poco riten.

青い小鳥

川路柳虹 作詩
山田耕筰 作曲
増田順平 編曲

p
hm
hm
p (極めてしずかに)
こ と り の い な い か ご を て に
p in quieto
pp
p どこへゆく
チ ル チ ル ミ チ ル ど こ へ ー ゆ く
pp
p
pp
p
(あこがれて)
(平和に)
p
お も い で の く に よ る の ー く に ー
p
p

(ややゆるく)
そ (そ) と は こ ー ゆ ー き も ふ り ー し ー き る
colla voce
Soli
は な の に お ー い の す る ま ー ど で
(おさえて)
あ お い こ と り は
Chorus
hm
な い ー て い よう, い よう
colla voce

夕やけ雲

三木露風 作詩
山田耕筰 作曲
増田順平 編曲

(やわらかに)
(ゆるく)
Chorus
かえる が ないた
おつき が みえる
ア ー ー ー ア ー ー ー
hm
dolce
Solo
(徐々に力なく)
3. みどり ーの たにの
はなに も うつる
まっか な そらの
(やわらかく)
(ゆるく)
Chorus
a tempo
rit.
ゆうや け ぐもよ
まっか ーな そらの
ゆうや け ぐもよ
S.
M.S.
A.
hm
poco riten.
a tempo
rit.

かえろかえろと

北原白秋 作詩
山田耕筰 作曲
増田順平 編曲

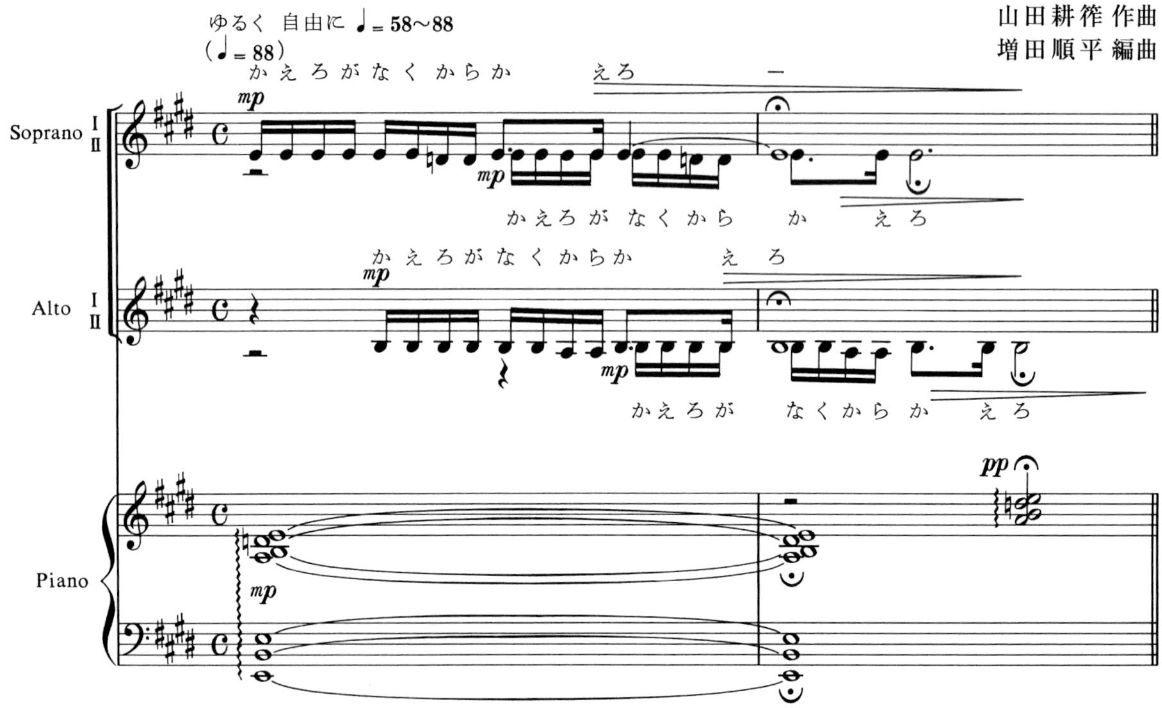

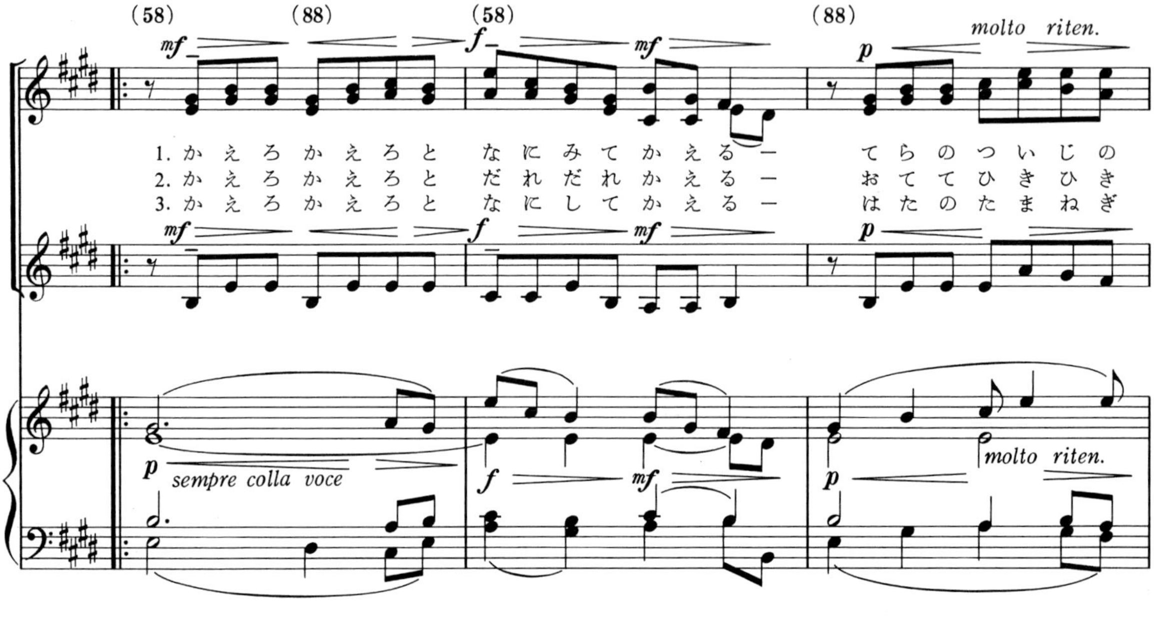

かげをみいみいか　え　る
ぽっつりぽっつりか　え　る
たたきたーたきか　え　る
(58) molto riten.
(88) quasi eco
riten.
かえろがなくからか　えろ
hm かーえ る
4.かえろ かえろーと
かえろがなくからか　えろ
molto riten.
riten.
さんちょうさきまでか　え　る
quasi eco riten.
かえろがなく からか　えろ
どこまでかえるー　あかいひのつく　hm かーえ る
かえろがなくからか えろ
riten.

電　話

川路柳虹 作詩
山田耕筰 作曲
増田順平 編曲

自由に語るように ♩＝62

（やわらかく）
Sop. Solo
のはらのくさに
すわりーまーしょう
もしもしそちらはどなたです
Alt. 又はM.Sop. Solo
はいはい わたしは
S.
M.S.
A.
hm
（おごそかに）
（愛情をもって）
えんぽう の
ひがしのかぜと
もうします
わたしのかわいいまなむすめ
sotto voce
hm
Chorus
（のどかに さみしく- - - - - -）
ちりりん
りん
さーよーなーら さーよーなら
hm
うぐいすが もうじき まいります
dim.

つばめ

川路柳虹 作詩
山田耕筰 作曲
増田順平 編曲

つ ば く ー ら ー め
tn tn tn tn
の き に や な ぎ の は は そ ー よ
ぐ
でん せん ー の う え そ ら ー の う え
tn tn tn tn tn tn tn tn
poco riten.
の り ー
a tempo
あ (あ) お い う み ふ く か ぜ ー に ー
tn tn tn tn tn tn tn
poco riten.
a tempo

tn tn tn tn tn tn tn tn tn tn tn tn tn
tn tn tn tn tn tn tn tn
tn tn tn tn tn tn tn tn tn tn tn tn tn tn
ダ ン ス　は じ め た　つ ば く ー ら ー　め
はは そーよ ぐ
tn
や な ぎ の
tn tn
の き に
でん せん

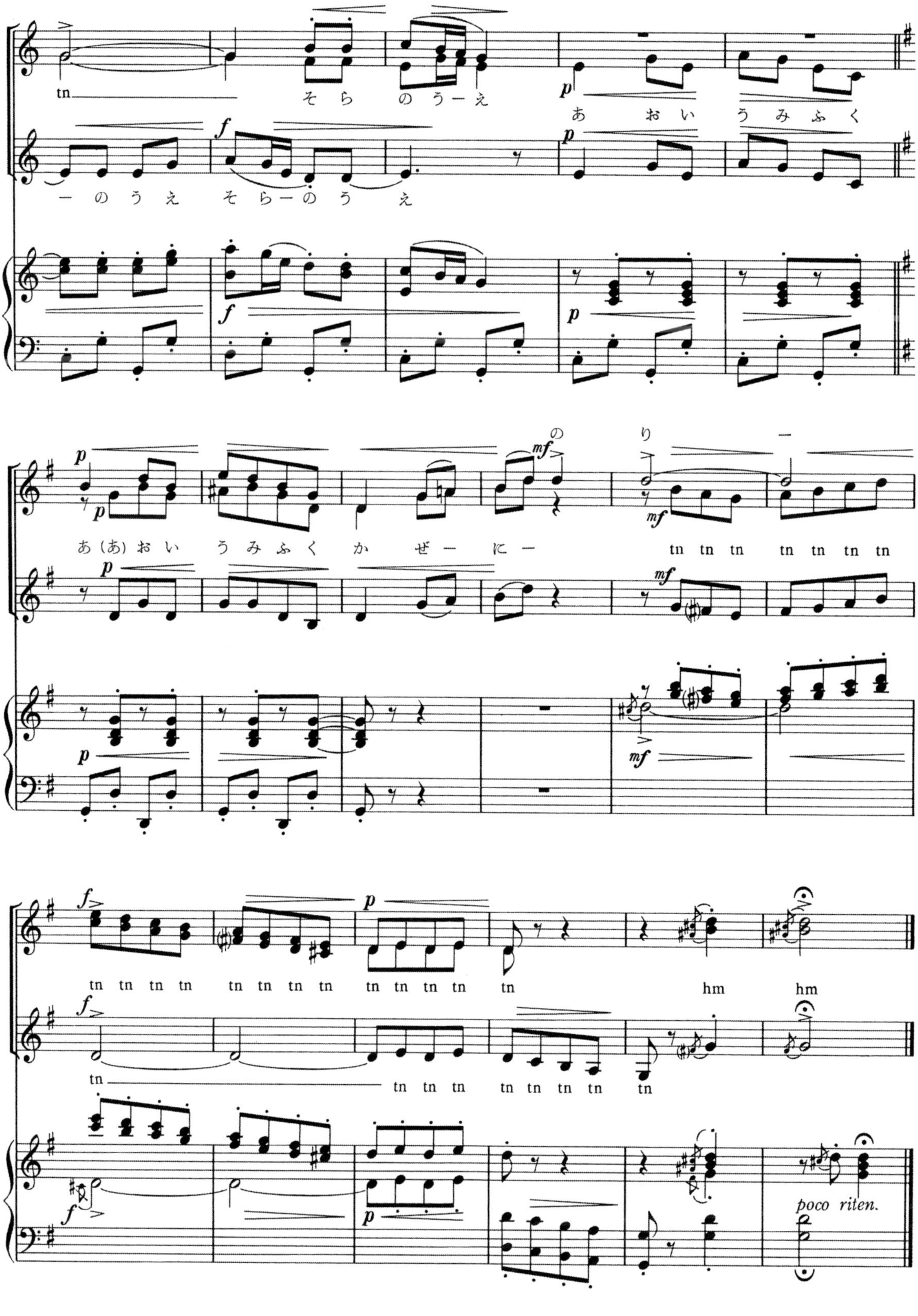
tn
そ ら の う ー え
あ お い う み ふ く
ー の う え そ ら ー の う え
の り ー
あ (あ) お い う み ふ く か ぜ ー に ー
tn tn tn tn tn tn tn
tn tn tn tn tn tn tn tn tn tn tn tn tn
hm hm
tn tn tn tn tn tn tn tn tn
poco riten.

すかんぽの咲くころ

北原白秋 作詩
山田耕筰 作曲
増田順平 編曲

(註)出来れば2回目は半音上げて演奏する。その場合※印のところから半音上げる。

洗濯媼さん

川路柳虹 作詩
山田耕筰 作曲
増田順平 編曲

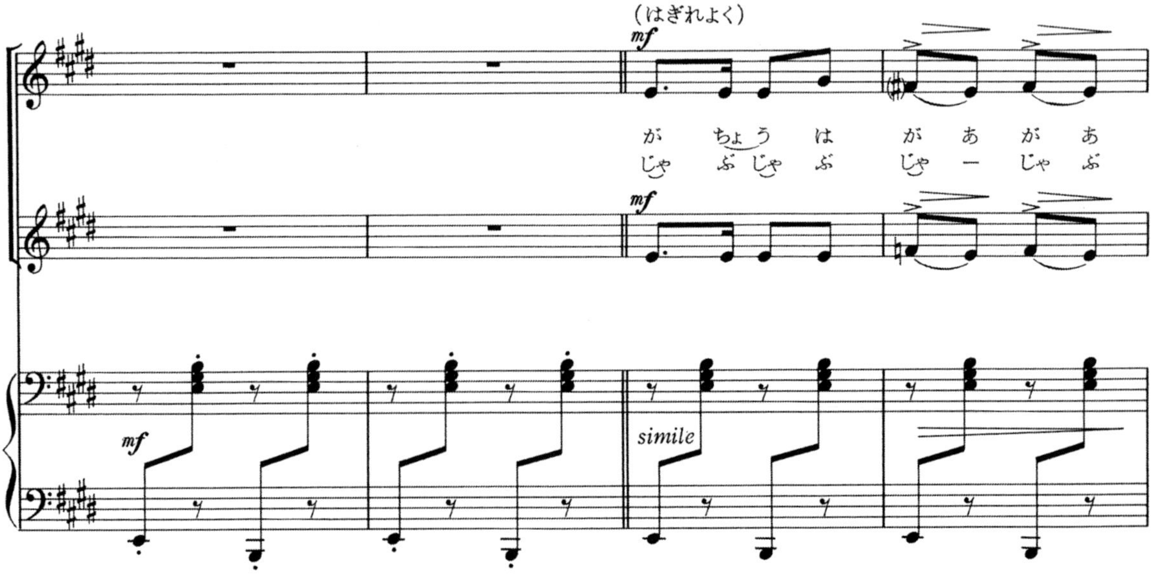

も もの は な ひーら ひ ら ぬ るん だ か わーでー
やっこらさ と たーーって い たいこ し の ばーしー
（のどかに）
じゃぶじゃぶ じゃじゃーぶ いくら あら――って い くら
やっこらさ と あるーく となりの ば あ さん まだ ひ は
いくら
まだひは
（落ちついて）
（かるく）
ほしても まだ ひ はー おち ぬ
ま だー
meno mosso
a tempo

(はぎれよく)
も ものはな ひーら ひら
が ちょう は が あ が あ
simile
ぬ るんだ か わーでー じゃ ぶじゃ ぶ じゃじゃーぶ
ぬ るんだ か わーでー じゃ ぶじゃ ぶ
(のどかに)
いくら あら――って い(い)くら
じゃ じゃーぶ

（落ちついて）
mf
（かるく）
p
ほ し て も　ま だ　ひ　は ー　お ち　ぬ
p
p
ま　だ ー
D.C.
meno mosso mf
a tempo
p
p
D.C.
Coda
lunga（はぎれよく）
pp
お ち ぬ　が ちょう は　が あ が あ　も ものはな　ひ ー ら ひ ら
pp
が ちょう は　が あ が あ
Coda
lunga
pp sempre
simile
（落ちついて）
mf
（かるく）
p
ま だ　ひ　は ー　お ち　ぬ
p
p
も ものはな　ま　だ ー
meno mosso mf
a tempo
p
p

砂　山

北原白秋 作詩
山田耕筰 作曲
増田順平 編曲

Sop.
M.Sop.
Alt.
もうひはくれた　みんなよべよべ
またかぜあれる　みんなちりぢり
hm hm hm hm
(動いて)
おほしさーまーでたぞ
もうだれーもーみえぬ
3. かえろ　かーえろーよ
ぐみーはら　わーけーて　すずめ　さーよなら

Sop. Solo
ad lib.
ア——
さよなら あした うみよ さーよなーら
さよなーらーあした
さよなら

待ちぼうけ

北原白秋 作詩
山田耕筰 作曲
増田順平 編曲

poco riten.
ころりころげた
うさぎぶつかれ きのーねっこ
さむいきたかぜ
てるさ
poco riten.
a tempo
L.H.
まちぼうけ まちぼうけ
まちぼうけ まちぼうけ hm
まちぼうけ まちぼうけ
まちぼうけ まちぼうけ
3. きのうくわとり
4. きょうはきょうはで
hm hm hm hm
きりかぶ
まちまち
はたしごと きょうはほおづえ ひなーたぼこ うまい
まちぼうけ あすはあすはで もりーのそと うさぎ
8va

1.
2.
poco riten.
Meno mosso
きのーねっこ
うさぎまちまち
きのーねっこ
さむい
きたーかぜ
D.S.
Tempo I°
Coda
a tempo
accel. e dim.
さむいきたーかぜ
きのねっこ
さむい
きたーかぜきのねっ
a tempo molto rit.
きのねっこ
きのねっこ
きーのーねっこー
こ
きのねっ
こ
きのねっ
きーのーねっこーねっこ

松島音頭

北原白秋 作詩
山田耕筰 作曲
増田順平 編曲

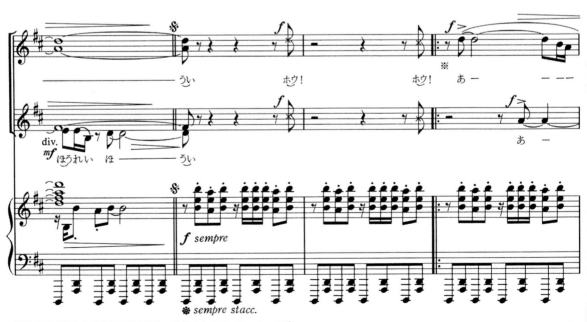

（註）※印の部分の7小節間は歌詩1・5番を合唱で，2・3・4番をSolo（出来れば3回とも違う人）。

mp
ー あ ー
あ ーー ー
mf
ー ーーーー あ ー
合唱 1. ま つ は ー ま つ し まー
Solo 2. さ ん さ ー さ ん さ はー
Solo 3. こ こ は ー ま つ し まー
Solo 4. さ ん さ ー さ ん さ でー
合唱 5. は や せ ー は や せ やー
mf

ー ーーーー あ ーー ーー ーーーーー
f
f
そなーれ のーま つーの ー ま つーのー ねかーた に ききょう が さい た
ありゃーま つーか ぜーよ ー た れーをー まつーや ら ききょう が さい た
おじーま がーさ きーよ ー ほ しーのー ちろーり に ききょう が さい た
まつーみ はーさ ぞーや ー つ ゆーのー よつーゆ に ききょう が さい た
まつーし まーお んーど ー ま つーのー ねかーた に ききょう が さい た

〔ここからはいつも合唱〕
ホウ!　みたよ　みまーした　ひと　ーも　ーとーーー
みまーし　ーた
ききょ　うー
みたよ　みまーした
ひと　もーとーき　きょーう
みまーし　ーた
やーほうれいほーうい　ふなーばた　たたーいて
〔手拍子〕

ff
や
ff
や
ff
や
mf
ほう れ い は
mf
ff
mf
1.2.3.
4.
うい
mf
ほう れ い は うい
mf
ほう れ い は
D.S.
1.2.3.
4.
D.S.
Coda
sfz
うい
ホウ！
（手拍子も）
ほう れ い は うい
Coda
mf
ff
sfz

松島音頭

北原白秋

松は松しま　磯馴《そなれ》の松の
松のねかたに　桔梗が咲いた
見たよ見ました　一もと桔梗
や　ほうれい　ほうい
舟ばたたたいて　や　ほうれ　ほうい

さんささんさは　ありゃ松かぜよ
誰をまつやら　桔梗が咲いた
見たよ見ました　一もと桔梗
や　ほうれ　ほうい
舟ばたたたいて　や　ほうれ　ほうい

ここは松しま　雄嶋が崎よ
星のちろりに　桔梗がさいた
見たよ見ました　一もと桔梗
や　ほうれい　ほうい
舟ばたたたいて　や　ほうれ　ほうい

さんささんさで　待つ身はさぞや
露の夜露に　桔梗が咲いた
見たよ見ました　一もと桔梗
や　ほうれい　ほうい
舟ばたたたいて　や　ほうれ　ほうい

はやせはやせや　松島音頭
松のねかたに　桔梗が咲いた
見たよ見ました　一もと桔梗
や　ほうれい　ほうい
舟ばたたたいて　や　ほうれ　ほうい

洗濯媼さん

川路柳虹

鵞鳥は　がぁ　がぁ
桃の花　ひら　ひら
温んだ川で　ぢゃぶ　ぢゃぶ　ぢゃぢゃぶ
いーくら洗って
いーくら干しても　未だ日は落ちぬ

ぢゃぶ　ぢゃぶ　ぢゃぢゃぶ
やっこらさと立って　痛い腰のばし
やっこらさと歩く　隣の媼さん
未だ日は落ちぬ
鵞鳥は　がぁ　がぁ
桃の花　ひら　ひら
未だ日は落ちぬ

砂　山

北原白秋

海は荒海　向こうは佐渡よ
すずめ鳴け鳴け　もう日は暮れた
みんな呼べ呼べ　お星様出たぞ

暮れりゃ砂山　潮鳴りばかり
すずめ散り散り　また風荒れる
みんな散り散り　もう誰も見えぬ

帰ろ帰ろよ　ぐみ原分けて
すずめさよなら　さよならあした
海よさよなら　さよならあした

待ちぼうけ

北原白秋

待ちぼうけ　待ちぼうけ
ある日せっせと　野良《のら》かせぎ
そこへ兎《うさぎ》が飛んで出て
ころり　ころげた　木のねっこ

待ちぼうけ　待ちぼうけ
しめた　これから寝て待とか
待てば獲《え》ものは　駆けて来る
兎ぶつかれ　木のねっこ

待ちぼうけ　待ちぼうけ
昨日鍬《くわ》とり　畑仕事《はたしごと》
今日は頬《ほほ》づえ　日向《ひなた》ぼこ
うまい伐《き》り株　木のねっこ

待ちぼうけ　待ちぼうけ
今日は今日はで　待ちぼうけ
明日《あす》は明日はで　森のそと
兎待ち待ち　木のねっこ

待ちぼうけ　待ちぼうけ
もとは涼しい黍畑《きびばたけ》
いまは荒野《あれの》の箒草《ほうきぐさ》
寒い北風　木のねっこ

夕やけ雲

三木露風

まっかな空の　夕やけぐもよ
カオ、カオ、カオ　と　かへるが　ないた

すゞしい路は　もう日がくれる
まだまだ薄い　お月が　見える

緑の谷の　花にも　うつる
まっかな空の　夕やけぐもよ

かえろかえろと

北原白秋

かえろかえろと　なに見てかえる
寺の築地《ついじ》の　影を見い見いかえる
「かえろがなくから　かえろ」

かえろかえろと　だれだれかえる
お手々ひきひき　ぽっつりぽっつりかえる
「かえろがなくから　かえろ」

かえろかえろと　なにしてかえる
畑の玉ねぎ　たたきたたきかえる
「かえろがなくから　かえろ」

かえろかえろと　どこまでかえる
あかい燈《ひ》のつく　三丁さきまでかえる
「かえろがなくから　かえろ」

電話

川路柳虹

ちりりん　りん
南の国から　電話です
黄色いお蜜柑　なりました
椿の花も　咲きました
ストーブ消して　外に出て
野原の草に　坐りませう
もしもしそちらは　どなたです
はいはいわたしは遠方の
東の風と申します
わたしの可愛い愛娘
鶯がもうじきまゐります
さよなら　さよなら　ちりりん　りん

つばめ

川路柳虹

ダンス　はじめた　つばくらめ
のきに柳の　葉はそよぐ

ダンス　はじめた　つばくらめ
でんせんのうえ　空のうえ

青い海ふく　風にのり

すかんぽの咲く頃

北原白秋

土手のすかんぽ　ジャワ更紗
昼は螢《ほたる》が、ねんねする
僕ら小学、尋常科
今朝も通って、またもどる
すかんぽ、すかんぽ、川のふち
夏が来た来た、ドレミファソ

からたちの花

北原白秋

からたちの花が咲いたよ
白い白い花が咲いたよ
からたちのとげは痛いよ
青い青いはりのとげだよ

からたちははたの垣根よ
いつもいつも通る道だよ
からたちも秋は実るよ
まろいまろい金のたまだよ

からたちのそばで泣いたよ
みんなみんなやさしかったよ
からたちの花が咲いたよ
白い白い花が咲いたよ

あわて床屋

北原白秋

春は　早《はよ》うから　川辺の葦《あし》に
蟹《かに》が　店出し　床屋《とこや》で　ござる
チョッキン　チョッキン　チョッキンナ

小蟹ぶつぶつ　石鹸《シャボン》を　とかし
おやじ　自慢で　鋏《はさみ》を　鳴らす
チョッキン　チョッキン　チョッキンナ

そこへ　兎《うさぎ》が　お客にござる
どうぞ　いそいで　髪刈って　おくれ
チョッキン　チョッキン　チョッキンナ

兎ァ　気がせく　蟹ァ　あわてるし
早く早くと　客ァ　つめこむし
チョッキン　チョッキン　チョッキンナ

じゃまなお耳は　ぴょこぴょこするし
そこであわてて　チョンと切り落とす
チョッキン　チョッキン　チョッキンナ

兎ァ　おこるし　蟹ァ　恥《はじ》ョ　かくし
しかた　なくなく　穴へと　逃げる
チョッキン　チョッキン　チョッキンナ

青い小鳥

川路柳虹

青い小鳥は　どこへゆく
青い小鳥は　とんでゆく
小鳥のいない　かごを手に
チルチルミチルどこへゆく

おもいでの国　夜の国
そとは小雪も　ふりしきる
花の匂いの　する窓で
青い小鳥は　ないていよう

烏の番　雀の番

野口雨情

烏が種蒔く　雀が見ている
雀が種蒔く　烏が見ている
烏は雀の番してる
雀は烏の番してる
雀も困った　烏も困った
雀も烏も困っちゃった

曼珠沙華（ひがんばな）

北原白秋

GONSHAN《ゴンシャン》　GONSHAN《ゴンシャン》　どこへゆく
赤いお墓の　ひがんばな
きょうも手折《たお》りに　来たわいな

GONSHAN《ゴンシャン》　GONSHAN《ゴンシャン》　何本か
地には七《しち》本　血のように
ちょうど　あの児《こ》の　年のかず

GONSHAN《ゴンシャン》　GONSHAN《ゴンシャン》　気をつけな
ひとつ摘んでも　日は真昼
ひとつ後から　また開く

GONSHAN《ゴンシャン》　GONSHAN《ゴンシャン》　なし泣くろ
いつまで取っても　ひがんばな
恐《こわ》や　赤しや　まだ七つ

この道

北原白秋

この道はいつか来た道
ああ　そうだよ
あかしやの花が咲いてる

あの丘はいつか見た丘
ああ　そうだよ
ほら　白い時計台だよ

この道はいつか来た道
ああ　そうだよ
お母さまと馬車で行ったよ

あの雲もいつか見た雲
ああ　そうだよ
山査子《さんざし》の枝も垂れてる

のばら

三木露風

野ばら　野ばら
蝦夷地の　野ばら
人こそ知らね
あふれ咲く

色もうるわし
野のうばら
蝦夷地の野ばら

野ばら　野ばら
かしこき野ばら
神の御旨を
あやまたぬ
曠野の花に
知る教え
かしこき野ばら

かやの木山の

北原白秋

かやの木山《きやま》の
かやの実は
いつかこぼれて
ひろわれて

山家《やまか》のお婆《ば》さは
いろり端《ばた》
粗朶《そだ》たき　柴たき
燈《あかり》つけ

かやの実　かやの実
それ　爆《は》ぜた
今夜も雨だろ
もう寝《ね》よよ

お猿が啼《な》くだで
早《は》よお眠《ね》よ

赤とんぼ

三木露風

夕焼小焼の　赤とんぼ
負われて見たのは　いつの日か

山の畑の　桑の実を
小かごに摘んだは　まぼろしか

十五でねえやは　嫁にゆき
お里のたよりも　絶えはてた

夕焼小焼の　赤とんぼ
とまっているよ　竿の先

中国地方の子守唄

中国地方民謡

ねんねこしゃっしゃりませ
寝た子のかわいさ
おきて泣く子の
ねんころろ　面にくさ
ねんころろん　ねんころろん

ねんねこしゃっしゃりませ
今日は二十五日さ
明日はこの子の
ねんころろ　宮詣り
ねんころろん　ねんころろん

宮へ詣ったとき
なんとゆうて拝むさ
一生《いっしょ》この子の
ねんころろ　まめなように
ねんころろん　ねんころろん

女声合唱のための山田耕筰作品集 **からたちの花** [増補新版]　増《ます》田《だ》 順《じゅん》 平《ぺい》 編曲

●発行所＝カワイ出版（株式会社 全音楽譜出版社 カワイ出版部）
〒161-0034 東京都新宿区上落合 2-13-3　TEL 03-3227-6286 ／ FAX 03-3227-6296
出版情報 http://editionkawai.jp

●表紙デザイン・楽譜浄書＝楽譜工房プレスト　●印刷・製本＝平河工業社

ISBN978-4-7609-2945-0

2005 年 1 月 1 日　第 1 刷発行
2024 年 6 月 1 日　第 43 刷発行